# THE ART OF COCKTAIL DIY

FJ KOREA

오스틴북스
AUSTIN BOOKS

**CONTENTS**
FJ KOREA

**PHOTOGRAPHY**
이강신 K STUDIO

**DESIGN**
나미진 FJ KOREA

**COCKTAILS COORDINATOR**
김현 MIXOLOGY

**FJ KOREA**

서울 송파구 올림픽로 370, 5F
www.fjkorea.co.kr

이 책의 수익금 일부는 초록우산재단에 기부됩니다.

# Cocktail

인생은 칵테일!

'인성' 좋은 큰 잔에 '지식'을 채워 넣은 후

'열정'과 '사랑'을 반반씩 넣어 쉐이커로 섞는다.

'건강'으로 장식하여 '행복'하게 내어 놓는다.

- 데니스 홍 -

# Introduction

**FJ KOREA(에프제이 코리아)는**

전 세계 최고의 주류 브랜드를 국내 독점 유통하는 공식 파트너사로, 약 30여 개의 주류 브랜드를 보유하고 있습니다. FJ KOREA의 대표 브랜드로는 젊은 층들이 가장 선호하는 호세 쿠엘보(JOSE CUERVO) 데킬라 와 예거마이스터(JÄGERMEISTER) 제품이 있습니다. 또한 진(GIN) 시장의 선도자 봄베이 사파이어(BOMBAY SAPPHIRE), 슈퍼 프리미엄 보드카 카테고리 내 독보적인 존재인 그레이구스(GREY GOOSE), 칵테일을 만들 때 반드시 사용 되는 디카이퍼(DE KUYPER) 등 술에 관심있는 전 세계 모든 소비자에게 사랑받는 제품들을 공급하고 있습니다.
FJ KOREA 는 항상 최고의 제품을 공급함과 동시에 주류 시장의 트렌드를 만들고 이끌고자 노력하며, 소비자와 함께 바람직한 주류 문화의 확산에 앞장서고 있습니다.
건전한 음주문화 확산과 여러분의 라이프 스타일과 함께하는 칵테일 콘텐츠를 선사합니다.

홈 술을 넘어 나에게 맞는 심플 칵테일을 만들어 마시는 홈메이킹이 트렌드화 되고 있는 시점에서 제대로 된 나만의 DIY 칵테일 북을 통해 누구나 쉽게 기분에 따라, 상황에 따라 언제든지 최상의 칵테일을 만들 수 있게 될 것이라 자신합니다. 맛나고 멋지게 만든 한 잔의 칵테일이 인생 샷이 되는 그날까지!!

FJ KOREA 대표이사_선 혁 진

# 20

## WE MAKE & LEAD SPIRITS MARKET TREND

# Prologue

우리가 생각하는 술의 이미지는 '쓰고 독하며, 건강을 해친다'의 인식에 머무르고 있지만, 세계적으로 다양한 국가에서 각기 다른 역사 속에서 술은 그와 반대의 역할을 해 왔습니다. 오래전 수도승들은 인간의 고통을 치유하기 위해 '아쿠아비테'라는 '생명의 물'을 만들었고 이것은 다양한 약초로 만들어 낸 술입니다. 또한, 영국의 GIN은 해열제와 같은 형태로 많은 이들을 치료하는 데 사용되었으며, 러시아와 폴란드의 보드카는 추위를 이겨내는 그들에게 '생명의 물'이었습니다.

이러한 술은 미국 내에서도 삶의 활기를 불어넣는 형태로 확산하였습니다. 하지만 19세기에 들어 꾸준히 목소리를 높여온 금주 운동가들은 하층 노동자 계급의 알코올 문제가 빈곤과 근무 태만, 그리고 심상치 않게 증가하고 있는 가정 폭력의 원인이라고 주장하고, 이를 우려한 시민들과 산업가들이 이에 합세하였습니다.
급격한 도시화에 거부감을 가지고 있던 농민들, 미국의 적대국이었던 독일에 대한 반감을 품은 미국인들은 독일이 주도하던 맥주 산업이 고사하길 원하기도 하였습니다.

이러한 금주운동은 곧 알코올의 전면 금지 요구로 이어졌으며, 마침내 미국 정부는 1919년부터 1934년까지 미국 전역에 알코올 음료 모두 제조·판매·교환·운송·수출입을 전격 금지하는 금주법을 시행합니다. 미국은 버번위스키와 라이위스키가 국민주로 사랑받았는데 이 모든 것을 하수구에 버리는 사건까지 발생합니다. 몰래 술을 감췄다가 보안관에게 끌려가 고문을 당하기도 하고 처형을 당하는 등 금주법이 시행되는 동안 아주 엄한 처벌이 뒤따랐기에 당시 '미국 전역의 술은 모두 없어졌다'라고 해도 과언이 아니었습니다.

여러분, 상상해 보세요.
약 15년 동안 술을 마실 수 없게 된다면 어떻게 하시겠어요?

맞습니다. 술을 마시기 위해 배와 비행기를 타고 가까운 나라로 여행을 떠나겠죠. 많은 미국인은 술을 마시기 위해 가까운 쿠바로 배를 타고 떠났고 이때, 즐겼던 술이 바로 쿠바를 대표하는 럼입니다. 값싼 럼은 미국인들은 매료시켰고 모히토, 다이퀴리, 쿠바 리브레, 피냐 콜라다와 같은 칵테일이 세계적인 칵테일이 된 배경이기도 합니다.

금주법을 추진한 사회 지배층은 약간의 돈이 더 드는 불편을 겪었지만 술을 마시는 데는 큰 어려움이 없었습니다. 게다가 전혀 예상치 못한 일이 발생하는데 바로 갱단이 밀주 제조에 나서기 시작한 것입니다.
알 카포네라는 전설적인 이름이 두각을 나타낸 것도 이 무렵이었는데, 1920년대 갱단이 지배하던 음습한 시대와 그 어둠을 틈타 이른 아침 안개가 자욱한 깊은 산속에서 저급의 술을 몰래 만들었고 그 안에서 벌어지는 보안관과 갱단 사이의 총싸움, 바로 이런 이미지가 우리가 생각하는 금주법 시대의 배경입니다.

당시 많은 바는 금주법으로 인해 어쩔 수 없이 목숨을 담보로 지하 같은 곳에 숨어들 수밖에 없었습니다. 지하에 숨겨진 술집에서 다양한 계층을 대상으로 영업을 이어 갔고, 그곳을 소위 '스피크이지(Speakeasy)'라고 불렀는데, 당국의 눈총을 받지 않고 정치적 밀담을 나누며, 갱단의 아지트 등으로 이용되었습니다. 스피크이지는 이 장소에서만큼 편안하게 이야기할 수 있는 곳이라는 의미를 담고 있습니다.

하지만 금주법으로 인해 유명한 미국 바텐더들은 생계와 자신의 기술을 연마하기 위해 미국을 떠나야 했습니다. 많은 바텐더가 쿠바로 떠났고 더 많은 사람이 대서양 전역으로 이주해 유럽 전역에 아메리칸 스타일의 바를 열었습니다. 그들이 문을 연 모든 바는 '아메리칸 스타일'이었고 스피릿 베이스 칵테일을 서비스하는 데 초점을 맞췄습니다. 이러한 이유로 오늘날, 미국에서 탄생한 많은 칵테일과 쿠바를 대표하는 칵테일들이 세계적인 칵테일로 자리 잡게 된 배경입니다.

제1차 세계대전은 미국 내 금주 주의자들에게는 절호의 기회였습니다. 그들은 전쟁에서 이기고 싶다면 나라 전체가 술을 끊어야 한다고 지속적으로 주장합니다. 역사학자들 사이에서는 금주법이 실제 알코올 소비를 증가 혹은 감소시켰는지에 대한 의견이 분분하지만, 이 법이 '처음부터 끝까지 엉망진창 대실패였다'라는 점에서는 전적으로 일치합니다.

무엇보다 범죄율이 치솟았으며, 많은 사람은 지하실에서 밀주를 만들었고, 갱단은 깊은 산속에서 대량으로 술을 만드는 불법 술 공장을 운영합니다. 주류 밀매자들(Bootlegger)은 이것을 무허가 술집(Speakeasy)에 유통했고, 덕분에 수백만 달러가 범죄자들의 호주머니 속으로 들어갔고, 범죄 조직들의 부와 불법행위는 다양한 느와르 영화 속에 등장하여 한 번쯤은 그 시대를 관찰하였을 거예요.

하지만, 금주법 시기를 거쳐 미국에서는 더욱 발전된 문화가 있는데요. 바로 칵테일입니다. 뉴올리언스지역을 중심으로 사저락(Sazerac), 뷰카레(Vieux Carre), 그라스호퍼(Grasshopper)와 같은 칵테일은 오늘날 올드 패션드(Old Fashioned)와 함께 미국을 대표하는 칵테일로 자리 잡게 되었습니다. 올드 패션드는 '구닥다리 혹은 구식'이라는 뜻을 지녔지만 정작 그 의미는 '전통적인 방법으로 만들다' 입니다.

이처럼 다양한 국가와 역사 속에 등장하는 칵테일은 또 하나의 문화와 라이프 스타일을 대변하는 콘텐츠로 자리 잡게 되었고, 우리는 사랑하는 사람들과 함께 자연스레 즐길 수 있게 되었습니다.

여러분의 라이프 스타일이 즐겁고 맛의 멋이 함께할 때까지 FJ KOREA는 여러분과 함께합니다.

ADVOCACY MANAGER 김봉하

# SPIRIT **BEVERAGE**

술이란 마심. 즉, 음료의 일종으로 결코 지금까지 우리가 알아 왔던 비 건전한 문화가 아닙니다. 이는 대한민국이 암울했던 흑백시대를 겪어오면서 고단했던 하루와 한 잔의 술잔 속에 희로애락을 담아왔던 또 하나의 에너지입니다. 세계적으로 주류에 관련된 역사와 많은 일화가 존재하지만, 국사에서는 이와 같은 내용을 포함하고 있지 않습니다.
이제는 세상이 변하고, 달라졌습니다. 식음료(F&B)의 기본적인 상식이 그 사람의 라이프 스타일을 대변하고 있고, '마시고 죽자'라는 식의 음주 문화는 점점 쇠퇴하고 있기 때문입니다. 주류 관련 전문가가 아니더라도 아래와 같은 술의 기본 상식을 알아두면, 오늘 같은 불금에 의미 없이 들이키고 있는 술이라는 알코올 덩어리에서 탈피할 수 있지 않을까 라고 생각합니다.

음료는 알코올성 음료와 비 알코올성 음료를 포함하여 마심을 통칭하는 것을 뜻합니다. 비 알코올성 음료는 태어나서 성인이 되기 전까지 마셔왔던 모든 마심의 종류로 물에서 주스, 탄산음료, 커피 등이 포함됩니다. 그 외에 알코올성 음료를 우리는 '술'이라 부릅니다. 일반적으로 술을 통합하여 리쿼(Liquor)라고 하며, 그중에서 증류한 술을 증류주(Distilled Liquor)라 합니다. 알코올 도수가 높은 술 또는 증류주를 스피릿(Spirit) 이라고도 합니다.

스피릿은 갈색을 띠고 있는 브라운 스피릿(Brown Spirit), 투명한 것을 뜻하는 화이트 스피릿(White Spirit)으로 나눌 수 있으며, 브라운 스피릿에는 위스키(Whisky or Whiskey)와 코냑(Cognac), 화이트 스피릿에는 우리가 흔히 알고 있는 럼(Rum), 진(Gin), 보드카(Vodka), 데킬라(Tequila) 등이 포함됩니다.

이런 술들을 어른들은 서양에서 들어온 술이라고 하여, 큰 바다 양[洋], 술 주[酒]를 써서 흔히 양주라 불렀고, 이는 술의 카테고리가 아닌 표현 방법입니다. 또한 와인은 포도주를 가리키는 것으로 쓰이나, 과일을 이용해서 만든 발효주(Fermented Liquor)를 뜻하기도 합니다. 이 외에도 맥주, 막걸리와 같은 발효주가 있습니다.

# **COCKTAIL** EQUIPMENTS

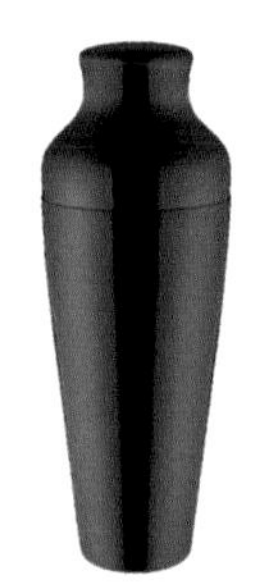

**SHAKER**

쉐이커

다양한 음료와 재료를 빠른 시간에 완벽히 섞어주는 기능을 하며, 상온의 음료를 차갑게 만들어 주기도 하는 기물입니다. 또한, 우유나 주스류를 강하게 쉐이킹하면 부드럽고 고운 거품까지 만들어 줍니다.

**JIGGER**

지거

액체류를 정확하게 측량해 주는 역할을 하는 기물이며, 주로 밀리리터(ml)보다 온스(oz)를 나타냅니다. 만약 지거가 준비되지 않았다면 샷 글라스를 대신 사용해 보세요.

**BAR SPOON**

바 스푼

주로 음료를 혼합할 때 사용하며, 떨어지는 액체의 압력을 제어하여 층을 쌓는 레이어(LAYER) 또는 플로트(FLOAT)에도 많이 사용합니다.

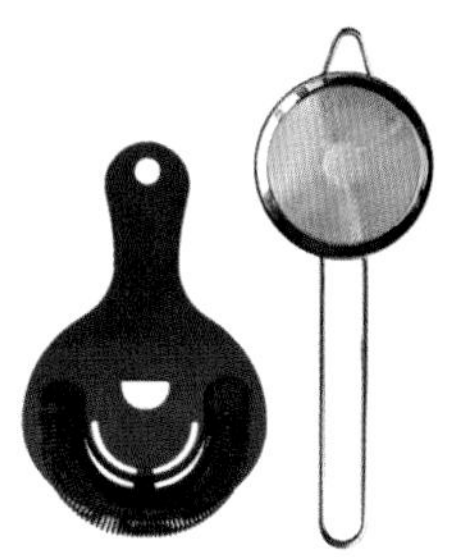

**STRAININER**

## 스트레이너

얼음과 내용물이 글라스에 들어가지 않게 하는 역할을 하며, 망으로 된 스트레이너를 함께 사용함으로써 미세한 얼음조각과 허브 또는 과일의 찌꺼기까지 걸러줍니다.

**HAND SQUEEZER**

## 핸드 스퀴저

레몬 또는 라임의 즙을 빠르고 편리하게 얻어 낼 수 있으며, 껍질 부분까지 눌러주어 상큼한 향까지 얻을 수 있는 도구입니다.

**MUDDLER**

## 머들러

머들러를 사용하면 레몬 껍질의 향과 주스를 동시에 얻을 수 있으며, 신선한 허브의 향과 컬러를 음료에 적용할 수 있습니다. 또한, 과육의 질감과 맛을 그대로 음료에 반영할 수 있는 좋은 기물입니다.

# **COCKTAIL** TECHNIQUE

basic

**BUILD** 빌드

순서대로 각 재료를 자연스럽게 쌓이듯 붓는 것을 일컫는 기술.

글라스에 얼음을 가득 채운 다음, 용량에 알맞게 재료를 천천히 붓습니다. 이때 액체가 글라스를 천천히 타고 내리듯 붓는 것이 중요합니다. 마지막으로 음료를 내어놓기 전에 살짝 저어주는 센스 또한 잊지 마세요.

**SHAKE** 쉐이크

쉐이커에 얼음과 함께 내용물을 담아 흔드는 기술.

쉐이킹 한 음료는 공기가 공급된 상태를 의미하며 이때 얇은 얼음층이 칵테일의 표면을 덮게 되는데 일정 시간 동안 작은 공기 입자가 음료 안에 머무는 효과를 만듭니다. 음용할때 입안에 엄청난 질감을 부여하며 칵테일의 맛을 느끼는 데 있어 중요한 역할을 합니다.

**STIR** 스터

2~3가지로 구성된 액체의 완벽한 결합과 균형을 위해 젓는 기술.

바 스푼을 가볍게 잡고 내용물과 얼음이 흐트러지지 않게 믹싱 글라스 안에서 섬세하고 다이내믹하게 회전시키는 것이 포인트입니다. 너무 오랫동안 스터링을 하게 되면, 얼음이 급속도로 녹아 맛의 균형이 깨지므로, 빠르고 정확한 테크닉이 필요합니다.

**MUDDLE** 머들

블렌더에 갈지 않고 재료를 찧는 기술.

딸기, 키위의 씨와 같이 입안에서 과육이 씹히는 식감을 연출하기 위해 사용하며, 오렌지와 라임 껍질, 허브의 향을 충분히 얻어내기 위해 머들링 기법을 사용합니다.

# **AT** HOME

집에서 마시는 최상의 칵테일을 만들기 위한 KNOW-HOW



**SECRET 1.**

우리는 투명한 증류주인 럼(Rum), 진(Gin), 보드카(Vodka), 데킬라(Tequila)를 화이트 스피릿(White Spirit)이라 합니다. 집에서 즐기는 최상의 칵테일을 만들기 위해서는 화이트 스피릿을 냉동실에 보관하여야 합니다. 대부분의 칵테일은 얼음과 함께하는데 바로 이때, 차갑게 보관된 화이트 스피릿을 사용하면 얼음과의 온도 차이를 줄여줘 칵테일을 더욱더 맛있게 합니다.

**SECRET 2.**

어떤 글라스를 보유하고 있든지 상관없이 얼음을 최대한 가득히 채웁니다. 단단한 얼음은 천천히 녹으며, 글라스를 가득 메운 얼음은 칵테일의 청량감을 더해 줍니다. 예컨대, 콜라 한 잔을 마시더라도 얼음을 가득 채워 즐긴다면 세상에서 제일 맛있는 콜라를 마실 수 있을 것입니다.

**SECRET 3.**

사용하고자 하는 스피릿과 음료의 비율은 1:3으로 혼합하여 취향에 따라 비율을 조절합니다. 한국 사람들은 칵테일을 잘 만들 수 있는 능력을 지니고 있습니다. 우리는 집에서 인스턴트커피를 본인만의 취향에 따라 3:3:3 혹은 3:2:1 등의 비율로 즐겨왔기 때문에 우리에겐 칵테일이 결코 어렵지 않을 것입니다. 따라서 잔에 얼음 가득 채운 다음 화이트 스피릿을 1:3 넣고, 나머지 공간에 본인이 좋아하는 주스 또는 탄산수를 넣으면 칵테일이 완성됩니다. 여기에 본인만의 취향에 따라 화이트 스피릿 양을 조절하면 전문가가 부럽지 않은 칵테일이 됩니다.

**SECRET 4.**

레몬 또는 라임 조각의 즙을 짜서 넣으면, 칵테일에 감칠맛을 더해 더욱 맛있게 합니다. 과일 주스나 탄산수를 이용하여 칵테일을 만들 때, 레몬 또는 라임을 짜서 넣으면 부족한 단맛을 보완해 주며, 신선함을 극대화합니다. 레몬 한 조각을 아끼려다 보면 칵테일 한 잔을 버릴 수 있으니 신선함을 중요시한다면 꼭 레몬의 즙을 넣어 보세요. 그리고 레몬 껍질을 비틀어 나에게 향수를 뿌리듯 칵테일에 향긋한 내음을 입혀주세요. 엄청난 향을 품은 칵테일이 당신을 유혹할 것입니다.

# **COCKTAILS** CONTENTS

## BOMBAY SAPPHIRE

| | |
|---|---|
| GIN TONIC | 진 토닉 |
| SPANISH GIN TONIC | 스페니쉬 진 토닉 |
| GIN & JUICE | 진 앤 주스 |
| NEGRONI | 네그로니 |
| GIN FIZZ | 진 피즈 |
| DIRTY MARTINI | 더티 마티니 |
| DRY MARTINI | 드라이 마티니 |

## GREY GOOSE

| | |
|---|---|
| LE GRAND FIZZ | 르 그랑 피즈 |
| GOOSE & JUICE | 구스 앤 주스 |
| MOSCOW MULE | 모스코 뮬 |
| ESPRESSO MARTINI | 에스프레소 마티니 |
| VODKA MARTINI | 보드카 마티니 |

## BACARDI

| | |
|---|---|
| MOJITO | 모히토 |
| CUBA LIBRE | 쿠바 리브레 |
| DAIQUIRI | 다이퀴리 |
| PIÑA COLADA | 피냐 콜라다 |
| OLD FASHIONED | 올드 패션드 |

# **COCKTAILS** CONTENTS

## DEWAR'S

ORIGINAL HIGHBALL 오리지널 하이볼
GODFATHER 갓파더
ROB ROY 롭 로이
WHISKY SOUR 위스키 사워
CHERRY PAUSE 체리 포즈

## PEACHTREE

PEACH CRUSH 피치 크러쉬
PEACH JULEP 피치 쥴렙
FIZZ PEACHTREE 피즈 피치트리

## BUSHMILLS

IRISH HIGHBALL 아이리쉬 하이볼
IRISH COFFEE 아이리쉬 커피
RUSTY NAIL 러스티 네일
IRISH SOUR 아이리쉬 사워

## DE KUYPER

JUNEBUG 준벅
MANGO MOJITO 망고 모히토
GRAPEFRUIT MOJITO 자몽 모히토
PINEAPPLE MOJITO 파인애플 모히토

## DISARONNO

DISARONNO SOUR 디사론노 사워
GODFATHER 갓파더

## DANZKA

COSMOPOLITAN 코스모폴리탄
SEX ON THE BEACH 섹스 온 더 비치
CAIPIROSKA 까이피로스카
APPLE MARTINI 애플 마티니
GREYHOUND 그레이하운드
LONG ISLAND ICED TEA 롱 아일랜드 아이스티

# TEQUILA

## 자연이 숨겨놓은 보석, 데킬라

데킬라의 역사는 2만 년 전에 시작되었으며, '데킬라'라는 단어는 용암 언덕과 화산에서 발견된 보석인 아가베를 의미합니다. 멕시코 할리스코주의 해발 5천 피트에서 고대 인디언들은 아가베를 재배하기 시작했으며, 식물학 분류에서는 백합과 아스파라거스 종으로 분류됩니다. 멕시코 정부 규정에 따르면 모든 데킬라에는 병에 NOM 번호가 있어야 하며, 데킬라는 Agave Azul Tequilana Weber 즉, 블루 아가베를 사용하여 만들어야 합니다.

모든 데킬라는 멕시코에서만 생산되어야 하며, 여기에는 할리스코, 나야리트, 과나후아토, 미초아칸, 타마울리파스 등 5개 주가 포함됩니다. 데킬라 마을의 화산산이 폭발하여 특별할 정도로 풍부한 미네랄과 비옥한 토양을 가지게 되었으며, 이곳에서 아가베를 생산하는데 무려 7년이라는 시간이 소요되어 데킬라를 생산합니다.

또한, 아가베의 피냐에 상처를 내면 풍부한 즙이 나오는데 이것이 자연에서 발효되어 고대 인디언들이 즐겨 마신 발효주 뿔케(PULQUE)라는 술이 완성되며, 이것을 증류하여 만든 것이 바로 데킬라입니다.

# JOSE CUERVO

## 호세 쿠엘보

쿠엘보 가문이 소유한 260년 역사와 전통의 세계 최초의 데킬라 브랜드이며, 멕시코 할리스코주의 데킬라 타운에서 생산하는 최상의 데킬라로 한국은 물론 전 세계 판매량 1위를 자랑합니다.

데킬라 지역 농장에서 재배한 최상의 아가베로만 수작업으로 수확하며 제조와 숙성에 이르기까지 모든 과정에 호세 쿠엘보만의 역사와 전통이 스며 있습니다.

양분과 미네랄이 풍부한 멕시코 데킬라 지역의 특별한 토양에서 7년 내내 멕시코의 강렬한 햇빛을 받으며 자라난 블루 아가베를 원료로 생산합니다.

### JOSE CUERVO COCKTAILS

| | |
|---|---|
| CUERVO SQUEEZE | 쿠엘보 스퀴즈 |
| CUERVO COKE | 쿠엘보 코크 |
| CUERVO ORANGE | 쿠엘보 오렌지 |
| MARGARITA | 마가리타 |
| SANGRITA | 상그리타 |
| MULETTA | 뮬렛타 |

**RANGE**

JOSE CUERVO ESPECIAL REPOSADO
1,000ml 750ml 500ml 38.0%
50ml 375ml 40.0% MEXICO

JOSE CUERVO ESPECIAL SILVER
750ml 38.0% MEXICO

JOSE CUERVO TRADICIONAL REPOSADO
700ml 38.0% MEXICO

JOSE CUERVO TRADICIONAL SILVER
700ml 38.0% MEXICO

JOSE CUERVO RESERVA DE LA FAMILIA
700ml 38.0% MEXICO

JOSE CUERVO PLATINO
750ml 40.0% MEXICO

# CUERVO SQUEEZE

쿠엘보 스퀴즈

## BUILD, TALL GLASS
## ABOUT 8% ABV, 150ml

### INGREDIENTS

30ml JOSE CUERVO ESPECIAL SILVER TEQUILA
100ml TONIC WATER
20ml FRESH LIME JUICE

### RECIPE

1. 긴 유리 글라스에 얼음을 가득 채웁니다.
2. 호세 쿠엘보 실버를 넣고, 라임을 짜서 넣습니다.
3. 토닉워터를 가득 채웁니다.
4. 가볍게 저어준 다음 라임으로 연출합니다.

# CUERVO COKE

쿠엘보 코크

## BUILD, TALL GLASS
## ABOUT 8% ABV, 150ml

### INGREDIENTS

30ml JOSE CUERVO ESPECIAL SILVER TEQUILA
100ml COCA COLA
20ml FRESH LIME JUICE

### RECIPE

1. 긴 유리 글라스에 얼음을 가득 채웁니다.
2. 호세 쿠엘보 실버를 넣고, 라임을 짜서 넣습니다.
3. 콜라를 가득 채우고 가볍게 저어줍니다.
4. 라임으로 연출합니다.

# CUERVO ORANGE

쿠엘보 오렌지

## BUILD, TALL GLASS
## ABOUT 8% ABV, 150ml

### INGREDIENTS

30ml JOSE CUERVO ESPECIAL SILVER TEQUILA
120ml 100% ORANGE JUICE
FRESH ORANGE WEDGE SQUEEZE

### RECIPE

1. 긴 유리 글라스에 얼음을 가득 채웁니다.
2. 호세 쿠엘보 실버를 넣고, 오렌지 주스를 넣습니다.
3. 오렌지를 짜서 넣고 가볍게 저어줍니다.
4. 오렌지로 연출합니다.

# MARGARITA
마가리타

## SHAKE, COCKTAIL GLASS
## ABOUT 14% ABV, 90ml

### INGREDIENTS

45ml JOSE CUERVO ESPECIAL SILVER TEQUILA
15ml DE KUYPER TRIPLE SEC LIQUEUR
20ml FRESH LIME JUICE
SALT ON THE RIM
FRESH LIME WEDGE

### RECIPE

1. 칵테일 글라스에 소금을 묻힙니다.
2. 쉐이커에 각 재료를 넣고 얼음과 함께 쉐이킹합니다.
3. 칵테일 글라스에 내용물만 담고 라임으로 연출합니다.

# SANGRITA

샹그리타

## BUILD, SHOT GLASS
## ABOUT 20% ABV, 30ml

### INGREDIENTS

30ml JOSE CUERVO TRADICIONAL SILVER TEQUILA
15ml TOMATO JUICE
15ml ORANGE JUICE
FRESH LIME WEDGE SQUEEZE
1 DASH HOT SAUCE

### RECIPE

1. 샷 글라스에 호세 쿠엘보 트레디셔널 실버를 넣습니다.
2. 믹싱 글라스에 토마토 주스와 각 재료를 넣습니다.
3. 충분히 저어 준 다음 샷 글라스에 넣고 체이서로 즐깁니다.

# MULETTA

뮬렛타

## BUILD, COPPER GLASS
## ABOUT 13% ABV, 120ml

### INGREDIENTS

45ml JOSE CUERVO TRADICIONAL SILVER TEQUILA
4 FRESH LIME WEDGES_ MUDDLED
10ml SUGAR SYRUP
2 DASHES ANGOSTURA BITTERS
TOP UP GINGER BEER
FRESH LIME WEDGE & SPEARMINT SPRIG

### RECIPE

1. 구리 글라스에 라임을 넣고 으깹니다.
2. 호세 쿠엘보 트레디셔널 실버를 넣습니다.
3. 설탕시럽을 넣고 얼음을 채운 다음 진저 비어를 넣습니다.
4. 잘 저어준 다음 앙고스투라 비터를 넣고 라임, 민트로 연출합니다.

MULETTA
Cuervo
TRADICIONAL
PLATA

# 1800

1800년은 데킬라가 참나무 통에서 숙성된 첫 해로서, 데킬라가 새로운 지위를 부여 받은 순간을 기념하였습니다.

1800 데킬라는 멕시코 할리스코 지역에서도 고산지대에서 자라는 최상급 블루아가베 100%를 원료로 주조하며, 1800의 마스터 디스틸러는 1800이 지난 부드러운 맛의 특징을 살리기 위해 오직 최고의 참나무를 선택하고 있습니다.

## 1800 COCKTAILS

TOMMY'S MARGARITA 토미스 마가리타
PALOMA 팔로마
OLD FASHIONED 올드 패션드
COCO CRUSH 코코 크러쉬

## RANGE

1800 AÑEJO
750ml 40.0% MEXICO

1800 REPOSADO
750ml 40.0% MEXICO

1800 SLIVER
750ml 40.0% MEXICO

1800 COCONUT
750ml 35.0% MEXICO

# TOMMY'S MARGARITA

토미스 마가리타

## SHAKE, ROCK GLASS
## ABOUT 23% ABV, 120ml

### INGREDIENTS

60ml 1800 TEQUILA SILVER
15ml AGAVE SYRUP
30ml FRESH LIME JUICE

### RECIPE

1. 온더락 글라스에 소금을 묻힙니다.
2. 쉐이커에 각 재료를 넣고 얼음과 함께 쉐이킹합니다.
3. 온더락 글라스에 얼음을 채웁니다.
4. 내용물을 담고 라임으로 연출합니다.

# PALOMA
팔로마

## BUILD, TALL GLASS
## ABOUT 13% ABV, 150ml

### INGREDIENTS

45ml 1800 TEQUILA SILVER
10ml FRESH LIME JUICE
90ml FRESH GRAPEFRUIT SODA
SALT ON THE RIM

### RECIPE

1. 긴 유리 글라스에 소금을 묻히고, 얼음을 가득 채웁니다.
2. 1800 데킬라 실버를 넣고, 라임즙을 넣습니다.
3. 자몽소다를 가득 채우고 가볍게 저어줍니다.
4. 자몽으로 연출합니다.

# OLD FASHIONED

올드 패션드

## BUILD, ROCK GLASS
## ABOUT 33% ABV, 80ml

### INGREDIENTS

60ml 1800 TEQUILA AÑEJO
5ml AGAVE SYRUP
3~4 DASHES ANGOSTURA BITTERS
ORANGE PEEL

### RECIPE

1. 온더락 글라스에 아가베 시럽과 비터를 넣습니다.
2. 1800 데킬라 아네호를 적당량 넣고 잘 저어줍니다.
3. 얼음을 넣고 1800 데킬라 아네호를 넣습니다.
4. 잘 저어준 다음 오렌지 껍질로 연출합니다.

# COCO CRUSH

코코 크러쉬

## BUILD, TALL GLASS
## ABOUT 10% ABV, 120ml

### INGREDIENTS

30ml 1800 TEQUILA COCONUT
90ml 100% PINEAPPLE JUICE

### RECIPE

1. 긴 유리 글라스에 얼음을 가득 채웁니다.
2. 1800 데킬라 코코넛을 넣습니다.
3. 100% 파인애플 주스를 가득 채웁니다.
4. 가볍게 저어준 다음 파인애플로 연출합니다.

# JÄGERMEISTER

## 예거마이스터

예거마이스터는 'HUNTING MASTER (전문 사냥꾼)'이라는 의미를 가지고 있으며, 허브 · 과일 · 뿌리 등 다양한 재료로 만든 프리미엄 허브 리큐르입니다.

1934년 CURT MAST가 개발한 예거마이스터의 완벽한 레시피는 86년 동안 단 한 번도 수정된 적 없으며, 여전히 비밀리에 유지되고 있습니다.

독일 내 주류 판매량 및 수출량 1위 브랜드로, 클럽 및 페스티벌과 같은 파티 문화를 통해 젊은 층의 큰 사랑을 받는 세계적인 브랜드로 성장하였습니다.

## JÄGERMEISTER COCKTAILS

| | |
|---|---|
| JÄGER TONIC | 예거 토닉 |
| BERLIN MULE | 베를린 뮬 |
| NAUGHTY GERMAN | 너티 제르맨 |
| COUNT MAST | 카운트 마스트 |

## RANGE

JÄGERMEISTER

| | | |
|---|---|---|
| 1,000ml | 35% | GERMANY |
| 700ml | 35% | GERMANY |
| 350ml | 35% | GERMANY |
| 20ml | 35% | GERMANY |

# JÄGER TONIC

예거 토닉

## BUILD, TALL GLASS
## ABOUT 8% ABV, 120ml

### INGREDIENTS

30ml JÄGERMEISTER
90ml TONIC WATER
LEMON

### RECIPE

1. 긴 유리 글라스에 얼음을 가득 채웁니다.
2. 예거마이스터를 넣고, 토닉워터를 가득 채웁니다.
3. 가볍게 저어준 다음 레몬으로 연출합니다.

# BERLIN MULE
베를린 뮬

## BUILD, COPPER GLASS
## ABOUT 8% ABV, 120ml

### INGREDIENTS

30ml JÄGERMEISTER
HALF FRESH LIME
90ml GINGER ALE

### RECIPE

1. 구리 글라스에 얼음을 가득 채웁니다.
2. 예거마이스터를 넣고 라임즙을 짜서 넣습니다.
3. 진저에일을 가득 채우고, 잘 저어줍니다.

# NAUGHTY GERMAN

너티 제르맨

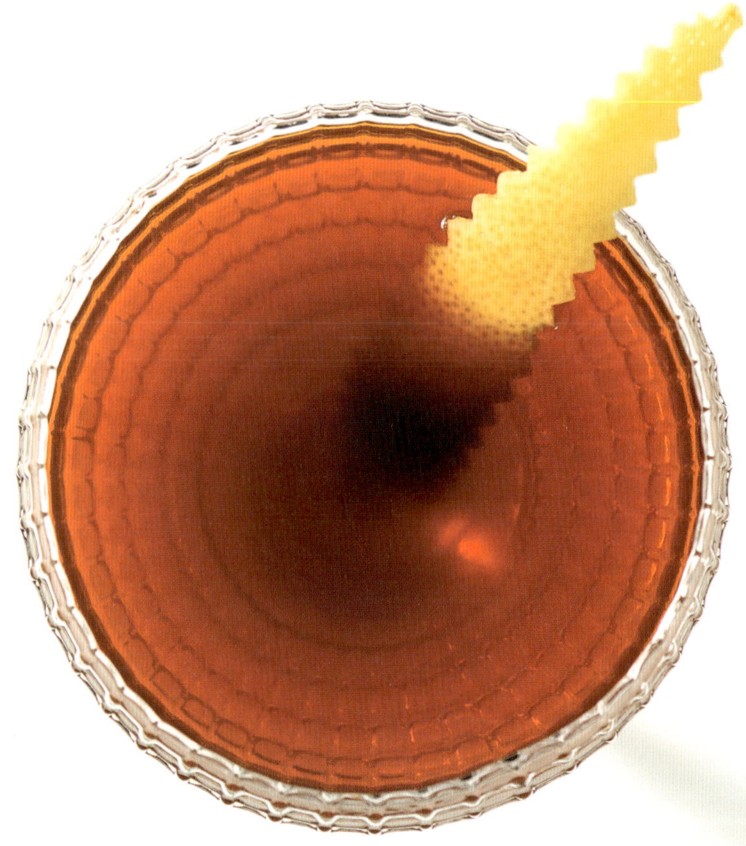

## SHAKE, COCKTAIL GLASS
## ABOUT 14% ABV, 90ml

### INGREDIENTS

30ml JÄGERMEISTER
15ml DE KUYPER CASSIS LIQUEUR
HALF FRESH LEMON JUICE
10ml SUGAR SYRUP
LEMON PEEL

### RECIPE

1. 쉐이커에 예거마이스터와 각 재료를 넣습니다.
2. 얼음과 함께 강하게 쉐이킹합니다.
3. 칵테일 글라스에 내용물만 담습니다.
4. 레몬껍질로 연출합니다.

# COUNT MAST

카운트 마스트

## SHAKE, COCKTAIL GLASS
## ABOUT 16% ABV, 90ml

### INGREDIENTS

30ml JÄGERMEISTER
30ml BOMBAY SAPPHIRE GIN
30ml MARTINI ROSSO VERMOUTH
LEMON PEEL

### RECIPE

1. 쉐이커에 예거마이스터와 각 재료를 넣습니다.
2. 얼음과 함께 강하게 쉐이킹합니다.
3. 칵테일 글라스에 내용물만 담습니다.
4. 레몬껍질로 연출합니다.

# GIN

## 주니퍼 베리의 은은한 풍미
## 진과 제네버

진(GIN)은 데킬라와 같이 맛과 향의 특징이 독특해서 쉽게 알아볼 수 있는 스피릿 중 하나입니다. 주니퍼 베리와 증류된 스피릿의 조합으로 진은 1000년이 넘는 시간 동안 지속되어 오고 있습니다. 이것은 원래 아라비안 연금술사에 의해 만들어졌으며 이탈리안 수도사인 베네딕틴에 의해 더욱 마시기 편하게 진화되었습니다. 그리고 더 나아가 네덜란드의 의학자 실비우스에 의해 탄생했고 어느 한 약재상에 의해 널리 전파되었습니다.

주니퍼베리를 의미하는 제네버(예네버)는 네덜란드에서 엄청난 사랑을 받고 있으며, 영국군에 의해 영국 전역으로 전파되었습니다. 이 과정에서 제조방식이 발전했고 제네버에서 진으로 이름이 변경되었습니다. 다양한 식물재료의 배합으로 탄생하는 만큼 그 매력적인 향은 강한 여운을 남깁니다. 오늘날까지도 진 토닉이 전 세계적으로 사랑받고 있는 이유이기도 합니다.

# BOMBAY SAPPHIRE

## 봄베이 사파이어

1761년부터 전해온 비밀 레시피를 통해 탄생한 봄베이 사파이어는 현존하는 가장 오래되고 뛰어난 품질로 알려진 런던 드라이 진 레시피를 기반으로 제조되어 오고 있는 프리미엄 진 입니다.

봄베이 사파이어는 세계 여러 지역에서 공수 된 10가지 최상의 재료 조합이 주는 완벽한 균형과 부드러운 맛이 특징이며, 스타 오브 봄베이는 수작업으로 선별한 12가지 식물재료를 사용하여 아주 천천히 증류하여 빚어냅니다.

사파이어를 담은 듯한 푸른 빛의 매혹적인 보틀 디자인으로 시선을 사로잡습니다.

### BOMBAY SAPPHIRE COCKTAILS

| | |
|---|---|
| GIN TONIC | 진 토닉 |
| SPANISH GIN TONIC | 스페니쉬 진 토닉 |
| GIN & JUICE | 진 앤 주스 |
| NEGRONI | 네그로니 |
| GIN FIZZ | 진 피즈 |
| DIRTY MARTINI | 더티 마티니 |
| DRY MARTINI | 드라이 마티니 |

### RANGE

BOMBAY SAPPHIRE

1,000ml 47% ENGLAND
750ml 47% ENGLAND
375ml 47% ENGLAND
200ml 47% ENGLAND
50ml 47% ENGLAND

STAR OF BOMBAY

700ml 47.5% ENGLAND

# GIN TONIC
진 토닉

## BUILD, TALL GLASS
## ABOUT 12% ABV, 120ml

### INGREDIENTS

30ml BOMBAY SAPPHIRE GIN
90ml TONIC WATER
2 LIME WEDGES

### RECIPE

1. 긴 유리 글라스에 얼음을 가득 채웁니다.
2. 봄베이 사파이어를 넣고, 라임즙을 짜서 넣습니다.
3. 토닉워터를 가득 채우고 가볍게 저어줍니다.
4. 라임으로 연출합니다.

# SPANISH GIN TONIC

스페니쉬 진 토닉

## BUILD, BALLOON GLASS
## ABOUT 15% ABV, 120ml

### INGREDIENTS

45ml BOMBAY SAPPHIRE GIN
90ml TONIC WATER
HALF FRESH LIME
CINNAMON STICK

### RECIPE

1. 와인 글라스에 얼음을 가득 채웁니다.
2. 봄베이 사파이어를 넣고, 라임즙을 짜서 넣습니다.
3. 토닉워터를 가득 채우고 가볍게 저어줍니다.
4. 라임과 시나몬 스틱으로 연출합니다.

# GIN & JUICE

진 앤 주스

## BUILD, TALL GLASS
## ABOUT 12% ABV, 120ml

### INGREDIENTS

30ml BOMBAY SAPPHIRE GIN
90ml FRESH JUICE

### RECIPE

1. 긴 유리 글라스에 얼음을 가득 채웁니다.
2. 봄베이 사파이어를 넣고, 좋아하는 주스를 채웁니다.
3. 가볍게 저어줍니다.

# NEGRONI

네그로니

## BUILD, ROCK GLASS
## ABOUT 23% ABV, 120ml

### INGREDIENTS

20ml BOMBAY SAPPHIRE GIN
20ml MARTINI ROSSO VERMOUTH
20ml CAMPARI LIQUEUR
ORANGE PEEL

### RECIPE

1. 온더락 글라스에 얼음을 채웁니다.
2. 봄베이 사파이어와 각 재료를 넣고 저어줍니다.
3. 오렌지 껍질로 연출합니다.

# GIN FIZZ
진 피즈

## SHAKE, TALL GLASS
## ABOUT 14% ABV, 140ml

### INGREDIENTS

40ml BOMBAY SAPPHIRE GIN
20ml FRESH LEMON JUICE
2 TSP SUGAR
70ml SODA
LEMON

### RECIPE

1. 쉐이커에 봄베이 사파이어와 라임즙, 설탕을 넣습니다.
2. 얼음을 넣고 강하게 쉐이킹합니다.
3. 글라스에 얼음을 채운 다음 내용물만 담습니다.
4. 탄산수를 채우고 저어준 다음 레몬으로 연출합니다.

# DIRTY MARTINI

더티 마티니

## SHAKE, COCKTAIL GLASS ABOUT 35% ABV, 140ml

### INGREDIENTS

60ml BOMBAY SAPPHIRE GIN
30ml MARTINI EXTRA DRY VERMOUTH
4 FINE OLIVES

### RECIPE

1. 쉐이커에 올리브를 넣고 으깹니다.
2. 봄베이 사파이어와 마티니 엑스트라 드라이를 넣습니다.
3. 얼음을 넣고 강하게 쉐이킹합니다.
4. 차갑게 보관된 칵테일 글라스에 내용물만 여과하여 담습니다.
5. 올리브로 연출합니다.

# DRY MARTINI

드라이 마티니

## STIR, COCKTAIL GLASS
## ABOUT 38% ABV, 100ml

### INGREDIENTS

80ml STAR OF BOMBAY GIN
10ml NOILLY PRAT VERMOUTH
OLIVE

### RECIPE

1. 믹싱 글라스에 스타 오브 봄베이와 노일리 프랏을 넣습니다.
2. 얼음을 넣고 충분히 저어줍니다.
3. 차갑게 보관된 칵테일 글라스에 내용물만 넣습니다.
4. 올리브로 연출합니다.

# VODKA

## 가장 순수하고 깨끗한 스피릿
## 보드카

보드카(VODKA)는 슬라브어로 물을 뜻하는 단어 VODA에서 유래되었습니다. 1405년에 폴란드의 문서 Akta Grodzkie에 처음으로 기록되어 있습니다. 화학 화합물과의 약품으로 사용되었던 보드카는 Wodka로 불렸습니다. 1533년에 Kievan Rus에 의해 폴란드에서 러시아로 전해오면서 화학주로 알려졌고, 이것은 보드카(VODKA)로 불리게 되었습니다. 무색, 무취 무미의 깨끗함을 자랑하는 스피릿로 연속 증류기에서 여러 차례 반복 증류를 통해 순수한 보드카를 얻어냅니다.

브랜드마다 다르지만, 각종 곡류를 원료로 하며 위스키와는 달리 증류기에서 얻어내는 순수한 결정 그 자체의 깨끗함을 제공합니다. 또한 곡물과 감자를 이용하여 만든 증류주로 무색·무취·무미가 특징이나, 현대에서는 과일 에센스를 첨가하여 다양한 보드카 플레이버가 존재합니다. 하지만 2008년 유럽 연합(EU)에서 규정한 보드카는 곡물이나 감자를 이용하여 만들어야 하며 그렇지 않을 때에는 제품에 재료를 표시해야 합니다.

INGREDIENTS
& DISTILLATION

# GREY GOOSE

## 그레이 구스

최고의 슈퍼 프리미엄 보드카 그레이 구스는 '세계 최고의 맛을 가진 보드카(World's Best Tasting Vodka)'로 찬사를 받으며 전 세계 주류 전문가, 보드카 애호가는 물론 유명 VIP, 할리우드 스타들의 사랑을 한 몸에 받는 브랜드입니다.

브랜드 최초이자 유일하게 보드카 양조 전문가인 '메트르 드 쉐'의 엄격한 지휘하에 100% 프랑스산 최고급 밀, 샹파뉴(Champagne) 석회암에 자연 여과된 맑은 물과 5단계의 세심한 증류 과정으로 만들어집니다.

## GREY GOOSE COCKTAILS

| | |
|---|---|
| LE GRAND FIZZ | 르 그랑 피즈 |
| GOOSE & JUICE | 구스 앤 주스 |
| MOSCOW MULE | 모스코 뮬 |
| VODKA MARTINI | 보드카 마티니 |
| ESPRESSO MARTINI | 에스프레소 마티니 |

## RANGE

GREY GOOSE ORIGINAL
750ml 350ml 50ml 40.0% FRANCE

GREY GOOSE LE CITRON
750ml 40.0% FRANCE

GREY GOOSE L'ORANGE
750ml 40.0% FRANCE

GREY GOOSE LA POIRE
750ml 40.0% FRANCE

GREY GOOSE VX
750ml 40.0% FRANCE

# LE GRAND FIZZ

르 그랑 피즈

## SHAKE, WHITE WINE GLASS
## ABOUT 13% ABV, 140ml

### INGREDIENTS

30ml GREY GOOSE ORIGINAL
30ml ST-GERMAIN LIQUEUR
HALF FRESH LIME
60ml SODA

### RECIPE

1. 쉐이커에 각 재료를 넣고 얼음과 함께 쉐이킹합니다.
2. 화이트 와인 글라스에 얼음을 가득 채웁니다.
3. 내용물을 여과하여 넣고, 소다수를 채웁니다.
4. 가볍게 저어준 다음 라임으로 연출합니다.

# GOOSE & JUICE

구스 앤 주스

## BUILD, TALL GLASS
## ABOUT 12% ABV, 120ml

### INGREDIENTS

30ml GREY GOOSE ORIGINAL
90ml FRESH JUICE

### RECIPE

1. 긴 글라스에 얼음을 가득 채웁니다.
2. 그레이 구스를 넣고, 좋아하는 주스를 채웁니다.
3. 가볍게 저어줍니다.

# ESPRESSO MARTINI

에스프레소 마티니

## SHAKE, COCKTAIL GLASS
## ABOUT 13% ABV, 130ml

### INGREDIENTS

45ml GREY GOOSE ORIGINAL
50ml ESPRESSO
20ml SUGAR SYRUP

### RECIPE

1. 쉐이커에 그레이 구스와 각 재료를 넣습니다.
2. 얼음과 함께 강하게 쉐이킹합니다.
3. 칵테일 글라스에 내용물만 여과하여 담습니다.
4. 커피 빈으로 연출합니다.

# MOSCOW MULE

모스코 뮬

## BUILD, COPPER GLASS
## ABOUT 10% ABV, 120ml

### INGREDIENTS

30ml GREY GOOSE ORIGINAL
HALF FRESH LIME
90ml GINGER ALE

### RECIPE

1. 구리 글라스에 얼음을 가득 채웁니다.
2. 그레이 구스를 넣고 라임즙을 짜서 넣습니다.
3. 진저에일을 가득 채우고, 잘 저어줍니다.

# VODKA MARTINI
보드카 마티니

## STIR, COCKTAIL GLASS
## ABOUT 30% ABV, 90ml

### INGREDIENTS

60ml GREY GOOSE VODKA
30ml NOILLY PRAT VERMOUTH
LEMON PEEL OR OLIVE

### RECIPE

1. 믹싱 글라스에 그레이 구스와 노일리 프랏을 넣습니다.
2. 얼음을 넣고 충분히 저어줍니다.
3. 차갑게 보관된 칵테일 글라스에 내용물만 넣습니다.
4. 레몬 껍질 또는 올리브로 연출합니다.

# RUM

카리브해 처럼 깊고 달콤한
럼

럼(Rum)은 사탕수수에서 설탕의 결정을 분리하여 얻어 낸 당밀을 발효시킨 후 증류하여 만든 스피릿으로 설탕의 역사와 밀접한 관계를 지니고 있습니다. 사실 알코올을 만드는 3가지 요소(당분, 효모, 물) 중에서 가장 기본적인 주재료의 일부분인 입니다.

럼의 첫 번째 증류는 17세기에 카리브해의 사탕수수 농장에서 시작되었던 것으로 전해지고 있습니다. 럼의 어원에 대한 주장은 다양하게 전해오고 있지만 1651년의 기록에 남아있는 럼부리온(Rumbullion)이라는 스페인어의 속어 '흥분과 소동의 의미'가 가장 설득력 있는 어원으로 전해집니다. 또한 역사적으로 다양한 국가에서 카리브해 인근 국가에 있는 설탕을 지배했던 시기에 따라 에스파냐(스페인)의 Industrial Ron, 프랑스의 Rhum Agricole, 영국의 Navy Rum, 서인도 제도의 Tafia로 럼이 생산되고 있습니다. 사탕수수의 당밀은 설탕 정제 공정을 통해 사탕수수즙에서 설탕 결정을 추출한 후 남은 끈적하고 어두운색의 달콤한 시럽입니다. 이 당밀은 산성으로 풍미가 좋고 독특한 단맛과 향이 있으며 보통 55-65%의 당분을 함유하고 있습니다.

당밀을 발효시킬 때는 주로 자연 발효를 유도하며, 이때 효모뿐 아니라 여러 가지 미생물이 럼 특유의 풍미를 형성하는 데 영향을 발휘합니다.

브라질에서는 사탕수수즙을 원료로 사용하여 럼과 같은 형태를 만드는데 이를 카차샤(Cachaca) 혹은 차차카, 카샤사 등의 발음으로 부르며, Cachaca 51 브랜드의 공식 수입사에서는 '카차샤'로 표기하고 있습니다.

카차샤는 단식 증류기를 사용하여 만들어지며, 이는 럼 원액의 심장으로 사용되는 아구아디엔테(Aguardiente)와 흡사하지만, 사탕수수의 즙과 당밀을 각각 사용하는 것에서 다르게 구분됩니다. 자메이카에서는 증류 공정에서 발생하는 폐액을 혼합하여 독특한 향미를 형성하기도 하기도 합니다.

# BACARDI

**HOUSE OF THE BAT**

DOÑA AMALIA MOREAU, DON FACUNDO BACARDI'S WIFE, FOUND A COLONY OF FRUIT BATS IN THE FIRST DISTILLERY. SYMBOLISING GOOD FORTUNE, HEALTH AND FAMILY UNITY, SHE CONSIDERED IT A GOOD OMEN AND CONVINCED HER HUSBAND TO USE A BAT ON EVERY BOTTLE OF HIS RUM.

태양의 뜨거움으로 빚어낸 술.

바카디 럼은 1862년 돈 파쿤도 바카디(Don Facundo Bacardi)가 쿠바의 산티아고(Santiago)에서 세계 최초의 라이트 럼이라 불리는 무색의 프리미엄 증류주를 만들어 낸 것이 시작입니다.

문맹률이 높았던 당시 상황을 고려해 쿠바에서 '건강, 부, 행운'을 상징하는 박쥐를 브랜드 엠블럼으로 사용하여 사람들이 쉽게 제품을 식별하도록 했습니다.

전 세계 바텐더들이 가장 사랑하는 No.1 럼 브랜드로 바카디 모히토, 쿠바 리브레, 다이퀴리, 피냐 콜라다를 낳은 브랜드입니다.

## BACARDI COCKTAILS

| | |
|---|---|
| MOJITO | 모히토 |
| CUBA LIBRE | 쿠바 리브레 |
| DAIQUIRI | 다이쿼리 |
| PIÑA COLADA | 피냐 콜라다 |
| OLD FASHIONED | 올드 패션드 |

## RANGE

BACARDI CARTA BLANCA
750ml 40.0% PUERTO RICO

BACARDI CARTA ORO
750ml 40.0% PUERTO RICO

BACARDI 8
750ml 40.0% PUERTO RICO

BACARDI CLASSIC COCKTAILS MOJITO
700ml 18.0% ITALY

# MOJITO

모히토

## BUILD, TALL GLASS
## ABOUT 10% ABV, 120ml

### INGREDIENTS

30ml BACARDI CARTA BLANCA RUM
60ml SODA
HALF FRESH LIME
1 SPOON SUGAR
10-12 LEAVES FRESH MINT

### RECIPE

1. 긴 유리 글라스에 라임 반 개와 설탕을 넣고 으깹니다.
2. 민트를 넣고 눌러 준 다음 바카디 카르타 블랑카를 넣습니다.
3. 얼음과 소다수를 가득 채웁니다.
4. 저어 준 다음 라임과 민트로 연출합니다.

# MOJITO
## 모히토

모히토(MOJITO)의 사전적 의미는 쿠바 전통주인 럼, 설탕, 라임즙으로 만든 음료의 종류를 설명하며, 여기에 신선한 민트와 탄산수, 얼음을 포함합니다. 과거 석화로 만든 맛있는 요리의 조미료와 같은 이름을 스페인어로 뜻하는 것으로 '조금 젖는 Mojar'라는 표현에서 'Mojadito' 유도체에서 변형되었다고 합니다.

이것은 '음식을 재운다'라는 뜻으로 지금의 'Mojito 모히토'로 알려지게 되었습니다. 16세기 프랜시스 드레이크의 'El Draque'라는 음료의 형태가 모히토와 흡사하며, 세계적인 작가 어니스트 헤밍웨이가 세상을 떠나기 전날까지 마실 정도로 모히토를 즐겼던 것으로 유명합니다.

# CUBA LIBRE

쿠바 리브레

## BUILD, TALL GLASS
## ABOUT 10% ABV, 120ml

### INGREDIENTS

30ml BACARDI CARTA ORO RUM
HALF FRESH LIME
90ml COKE

### RECIPE

1. 긴 유리 글라스에 라임을 넣고 으깹니다.
2. 바카디 카르타 오로를 넣습니다.
3. 얼음과 콜라를 가득 채웁니다.
4. 잘 저어준 다음 라임으로 연출합니다.

# CUBA LIBRE

쿠바 리브레

스페인을 쿠바에서 추방하고 독립국으로써 쿠바의 지위를 획립하기 위한 절차가 시작되었던 미서전쟁 이후 미국 통신 대대의 대원들은 술을 마시기 위해 정기적으로 하바나에 있는 아메리칸 바에 모였습니다.

1900년 8월 어느 날 오후였습니다. 당시 미국 통신 대대 사무실에서 전달병으로 근무했고 미군이었던 러셀이 그 음료에 이름을 지을 때 함께 있었던 Fausto Rodriguez로부터 몇 년이 지난 후에야 들을 수 있었습니다. 그는 "어느 날, 바에 미군들 한 무리가 모여있었고 그들 중 한 명이 러셀에게 무엇을 마시고 있느냐고 물었습니다. 그는 바카디 럼과 Coca-Cola라고 말하면서 한 번 마셔볼 것을 권했고 미군들은 그의 말에 따랐습니다. 러셀 이 그 음료에 아직 이름이 없다고 말하자 미군 중 한 명이 "쿠바 리브레'라고 부르면 어때?"라고 물었습니다. 'Cuba Libre! (자유로운 쿠바!)'라는 표현은 미서전쟁 중에 쿠바 맘비(Mambi) 군인들이 전투 슬로건으로 사용했을 뿐만 아니라 특별한 정치적인 의미가 있으며 전쟁이 끝난 후 쿠바인들과 미국인들이 자주 사용하는 말이었습니다. 오늘날 쿠바 리브레 이름을 얻게 된 배경입니다.

쿠바 리브레를 만드는 데 사용되는 원래의 럼은 당시 쿠바에서 가장 인기가 높았던 바카디 카르타 오로(BACARDI Carta de Oro)였으며, 꼭 첨가해야 하는 재료 중 코카콜라(Coca-Cola)는 신선한 라임의 신맛을 단맛으로 부드럽게 눌러주며 조화를 이뤘습니다.

MADE IN CUBA
B&C
CARTA de ORO SUPERIOR
12 Bot.
TRADE MARK
“BACARDI”
RON ESPECIAL
BACARDI & Cª
SANTIAGO DE CUBA

# DAIQUIRI

다이퀴리

## SHAKE, COCKTAIL GLASS
## ABOUT 20% ABV, 90ml

### INGREDIENTS

50ml BACARDI CARTA BLANCA RUM
HALF FRESH LIME
1 SPOON SUGAR

### RECIPE

1. 쉐이커에 바카디 카르타 블랑카와 각 재료를 넣습니다.
2. 얼음과 함께 충분히 쉐이킹합니다.
3. 차갑게 보관된 칵테일 글라스에 내용물만 담습니다.

# DAIQUIRI
다이퀴리

1898년, 제닝스 스탁턴 콕스(Jennings Stockton Cox)라고 불리는 미국인 광산 기술자가 다이퀴리 칵테일을 만들어 이름을 붙였습니다. 광산이 위치했던 시에라 마에스트라산맥은 강렬한 태양이 비치는 습한 지역으로 콕스는 열기 속에서 몸을 식힐 수 있는 방법을 끊임없이 찾았습니다. 그는 일반적으로 'carajillo'라고 불리는 커피에 바카디 럼이나 BACARDI Anis를 첨가해 먹는 쿠바인 노동자들을 주목했습니다. 이러한 음료는 땀을 나게 해 몸을 식혀주었습니다. 높은 지위 덕분에 얼음을 즉각적으로 사용할 수 있다는 점을 포함하여 특정 사치품을 이용할 수 있는 콕스에게는 얼음으로 차갑게 만든 음료가 훨씬 더 매력적이었습니다.

동료인 F.D Pagliuchi와 저녁을 먹던 어느 날, 콕스는 현지에서 나는 세 가지 재료, 신선한 라임 즙, 백설탕, 바카디 카르타 블랑카(BACARDI CARTA BLANCA)와 얼음, 차가운 물과 섞어 가볍고 크리스피하며 신선한 맛의 칵테일을 만들었습니다.

"Daiquiri" — Original Mr. Cox's.
for 6 persons—
The juice of 6 lemons
6 teaspoons full of sugar
6 Bacardi cups "Carta Blanca"
2 small cups of Mineral Water
Plenty crushed ice—
Put all ingredients in a cocktail
shaker and shake well—
Do not strain as the glass may
be served with some ice—

1940년 Pagliuchi는 다이쿼리가 하바나에서 발명되었다고, 주장하는 El Pais라 불리는 하바나 신문에 실린 기사를 보고 신문사에 다음과 같은 글을 담은 편지를 보냈습니다. 그 편지에는 '맛있는 다이쿼리는 하바나에서가 아니라 다이쿼리 철광산에서 일하는 관리자 제닝스 콕스에 의해 발명되었습니다' 적혀있었습니다.

콕스가 이러한 재료들로 만든 칵테일은 충격적일 정도로 상큼하고 시원한 맛이었습니다. 그 훌륭한 맛의 칵테일을 가리키며 콕스에게 어떤 이름을 붙일 것인지 물었습니다. 그는 턴 사워(Turn Sour)라고 대답했습니다. 당시 턴 사워는 미국에서 위스키, 레몬주스, 설탕, 얼음으로 만든 위스키 사워(Whiskey Sour)를 럼으로 대체한 형태를 말합니다. 저는 다이쿼리에서 탄생했으니 '다이쿼리'라고 부르는 것이 어떻겠냐고 물었습니다.

산티아고를 방문한 어느 날 저녁, 아메리칸 클럽 바에서 콕스는 다이쿼리를 주문했고 당시 바텐더는 레시피를 몰랐기 때문에 콕스가 만드는 방법을 설명하고 차가워질 때까지 흔들어달라고 특별히 부탁했습니다. 여러 명의 친구가 칵테일 맛을 보고 매우 좋아했기 때문에 얼마 지나지 않아 산티아고 데 쿠바에서 인기를 끌었습니다. 이곳에서부터 하바나까지 알려지게 되었고, 지금은 세계적인 명성을 얻고 있습니다.

# PIÑA COLADA

피냐 콜라다

## SHAKE, TALL GLASS
## ABOUT 10% ABV, 120ml

### INGREDIENTS

30ml BACARDI CARTA BLANCA RUM
1 SLICE FRESH PINEAPPLE
15ml COCONUT CREAM
60ml PINEAPPLE JUICE

### RECIPE

1. 쉐이커에 신선한 파인애플을 넣고 으깹니다.
2. 나머지 재료와 얼음을 넣고 쉐이킹합니다.
3. 얼음을 채운 글라스에 내용물만 담습니다.
4. 파인애플로 연출합니다.

# OLD FASHIONED
올드 패션드

## BUILD, ROCK GLASS
## ABOUT 33% ABV, 90ml

### INGREDIENTS

60ml BACARDI 8
SUGAR
2 DASHES BITTERS
ORANGE PEEL

### RECIPE

1. 온더락 글라스에 설탕과 비터를 넣습니다.
2. 바카디 8을 적당량 넣고 잘 저어줍니다.
3. 얼음을 넣고 바카디 8을 추가로 넣은 후 다시 저어줍니다.
4. 오렌지 껍질로 연출합니다.

# WHISKY
or
# WHISKEY

세월의 흔적과 향기가 베인
위스키

위스키 (WHISK(E)Y)는 보리, 옥수수, 호밀 등의 곡물을 사용하여 발효과정을 거쳐 증류시킨 후 오크통에 숙성을 시킨 것입니다. 영국과 미국에서 발달하였으며, 아일랜드, 캐나다, 인도, 대만, 일본 등의 나라에서 생산하며 꾸준한 인기를 끌고 있습니다.

상업상의 관례에 따라 아일랜드와 미국에서는 'Whiskey'라고 표기하며, 스코틀랜드의 생명의 물을 의미하는 우스케베하(Uisge-Beatha)라는 켈트어에서 발전되었습니다.

조금은 다르지만 단순하게 곡류로 맥주를 만들고 증류시켜 오크통에 숙성시킨 것을 위스키라 생각하면 이해하기 쉬울 것입니다.

BRITISH BOTTLERS INSTITUTE
BBI
THE INTERNATIONAL WINE AND SPIRIT COMPETITION
GOLD AWARD 1997
1900
REPUBLIQUE FRANÇAISE

# DEWAR'S

## 듀어스

듀어스는 1846년부터 가장 긴 지속력을 자랑하고, 왕실에 납품되어 품질을 보장하는 위스키 브랜드입니다. 세계에서 가장 많은 수상 경력을 가진 블렌디드 위스키로 스코틀랜드의 최고 싱글 몰트와 그레인 위스키 40여 종을 혼합하여 더블 에이징(DOUBLE AGED)을 통해 만들어지는 스카치 위스키 입니다.

브랜드 창시자의 아들이자 마케팅의 귀재 Thomas Dewar에 의해 오리지널 위스키 하이볼이 최초로 개발되었으며 이후 100년 이상이 흐른 오늘날까지 많은 소비자에게 사랑받고 있습니다.

## DEWAR'S COCKTAILS

| | |
|---|---|
| ORIGINAL HIGHBALL | 오리지널 하이볼 |
| GODFATHER | 갓파더 |
| ROB ROY | 롭로이 |
| WHISKY SOUR | 위스키 사워 |
| CHERRY PAUSE | 체리 포즈 |

## RANGE

DEWAR'S WHITE LABEL
700ml 40.0% SCOTLAND

DEWAR'S 12 YEAR OLD
700ml 40.0% SCOTLAND

DEWAR'S 18 YEAR OLD
750ml 40.0% SCOTLAND

# ORIGINAL HIGHBALL

오리지널 하이볼

## BUILD, TALL GLASS
## ABOUT 10% ABV, 120ml

### INGREDIENTS

30ml DEWAR'S 12 YEAR OLD WHISKY
90ml SODA
LEMON

### RECIPE

1. 긴 유리 글라스에 얼음을 가득 채웁니다.
2. 듀어스 12년을 넣고, 탄산수를 가득 채웁니다.
3. 가볍게 저어준 다음 레몬으로 연출합니다.

# GODFATHER
갓파더

## BUILD, ROCK GLASS
## ABOUT 18% ABV, 90ml

### INGREDIENTS

45ml DEWAR'S 12 YEAR OLD WHISKY
15ml DISARONNO LIQUEUR

### RECIPE

1. 온더락 글라스에 얼음을 가득 채웁니다.
2. 듀어스 12년와 디사론노를 넣습니다.
3. 잘 저어줍니다.

# ROB ROY
롭 로이

## STIR, COCKTAIL GLASS
## ABOUT 18% ABV, 90ml

### INGREDIENTS

45ml DEWAR'S 12 YEAR OLD WHISKY
25ml MARTINI ROSSO VERMOUTH
MARASCHINO CHERRIES

### RECIPE

1. 믹싱 글라스에 듀어스12년과 마티니 로쏘를 넣습니다.
2. 얼음을 넣고 충분히 저어줍니다.
3. 차갑게 보관된 칵테일 글라스에 내용물만 넣습니다.
4. 체리로 연출합니다.

# WHISKY SOUR
위스키 사워

## SHAKE, COCKTAIL GLASS
## ABOUT 12% ABV, 90ml

### INGREDIENTS

45ml DEWAR'S 12 YEAR OLD WHISKY
15ml SUGAR SYRUP
HALF FRESH LEMON JUICE
EGG WHITE

### RECIPE

1. 쉐이커에 듀어스12년과 각 재료를 넣습니다.
2. 얼음과 함께 충분히 쉐이킹합니다.
3. 차갑게 보관된 칵테일 글라스에 내용물만 담습니다.

# CHERRY PAUSE

체리 포즈

## BUILD, ROCK GLASS
## ABOUT 18% ABV, 90ml

### INGREDIENTS

20ml DEWAR'S 12 YEAR OLD WHISKY
20ml BACARDI 8 RUM
20ml CHERRY HEERING LIQUEUR
MARASCHINO CHERRIES

### RECIPE

1. 온더락 글라스에 얼음을 가득 채웁니다.
2. 듀어스12년과 각 재료를 넣습니다.
3. 잘 저어준 다음 체리로 연출합니다.

# BUSHMILLS

## 부쉬밀

400년 역사와 전통을 가진 전 세계 최초의 아이리쉬 위스키 부쉬밀은 1608년 북아일랜드의 앤트림 카운티에 위치한 세계에서 가장 오래된 아이리쉬 위스키 증류소인 부쉬밀 디스틸러리에서 시작되었습니다.

부쉬밀은 아일랜드에서 유일하게 100% 맥아 보리를 수작업으로 세 번 증류하고 10대의 포트 스틸(Copper Pot Still)에서 한정 생산하는 스몰 배치 방식을 고수하여 깊고 부드러운 맛과 향이 특징입니다.

## BUSHMILLS COCKTAILS

IRISH HIGHBALL 아이리쉬 하이볼
IRISH COFFEE 아이리쉬 커피
RUSTY NAIL 러스티 네일
IRISH SOUR 아이리쉬 사워

## RANGE

BUSHMILLS ORIGINAL
700ml 40.0% IRELAND

BUSHMILLS BLACK BUSH
700ml 40.0% IRELAND

BUSHMILLS 10 YEAR OLD SINGLE MALT
700ml 40.0% IRELAND

BUSHMILLS 16 YEAR OLD SINGLE MALT
700ml 40.0% IRELAND

BUSHMILLS 21 YEAR OLD SINGLE MALT
700ml 40.0% IRELAND

# IRISH HIGHBALL

아이리쉬 하이볼

## BUILD, TALL GLASS
## ABOUT 10% ABV, 120ml

### INGREDIENTS

30ml BUSHMILLS ORIGINAL WHISKEY
90ml SODA
ORANGE PEEL

### RECIPE

1. 긴 유리 글라스에 얼음을 가득 채웁니다.
2. 부쉬밀 오리지널를 넣고, 탄산수를 넣습니다.
3. 가볍게 저어준 다음 오렌지 껍질로 연출합니다.

# IRISH COFFEE

아이리쉬 커피

## BUILD, MUG GLASS
## ABOUT 10% ABV, 120ml

### INGREDIENTS

30ml BUSHMILLS BLACK BUSH WHISKEY
90ml HOT COFFEE
1 SPOON BROWN SUGAR
HEAVY CREAM

### RECIPE

1. 따뜻한 머그 글라스에 뜨거운 커피와 설탕을 넣습니다.
2. 잘 저어준 다음 부쉬밀 블랙 부쉬를 넣습니다.
3. 가볍게 저어준 다음 따뜻한 크림을 올려줍니다.

# RUSTY NAIL

러스티 네일

## BUILD, ROCK GLASS
## ABOUT 30% ABV, 90ml

### INGREDIENTS

60ml BUSHMILLS BLACK BUSH WHISKEY
1 SPOON HONEY

### RECIPE

1. 온더락 글라스에 부쉬밀 블랙부쉬와 꿀을 넣습니다.
2. 충분히 저어준 다음 얼음을 채웁니다.
3. 가볍게 저어줍니다.

# IRISH SOUR
아이리쉬 사워

## SHAKE, ROCK GLASS
## ABOUT 14% ABV, 90ml

### INGREDIENTS

45ml BUSHMILLS BLACK BUSH WHISKEY
15ml SUGAR SYRUP
HALF FRESH LEMON JUICE
EGG WHITE

### RECIPE

1. 쉐이커에 부쉬밀 블랙부쉬와 각 재료를 넣습니다.
2. 얼음과 함께 충분히 쉐이킹합니다.
3. 얼음을 채운 온더락 글라스에 내용물만 담습니다.

# PEACHTREE

## 피치트리

피치트리는 네덜란드 국립 조향사였던 Earl LaRoe가 1980년대 초반, 조지아(Georgia)에 있던 자신의 정원에서 복숭아나무 가지치기를 하던 중 고안해냈습니다. 음주를 지양하던 분위기로 보드카와 위스키 같은 '진짜' 증류주의 판매가 저조한 1980년대 중반, 네덜란드 국립 증류소의 경영진들은 Earl LaRoe에게 보다 가볍고, 달콤하고, 도수가 낮은 제품을 개발하도록 지시하였습니다. 그렇게 그가 아이디어를 얻어 개발한 것이 최초의 복숭아 리큐르인 '피치트리'입니다.

피치트리는 잘 익은 복숭아만을 선별하여 만든 복숭아 리큐르로, 향과 맛의 균형이 잘 잡혀 있는 제조법과 섬세한 증류 기술을 통해 탄생합니다. 맑고 투명한 색과 잘 익은 복숭아의 맛과 향은 기분 좋은 여운을 선사합니다. 어떠한 재료와도 쉽게 매칭할 수 있는 장점은 80년대 초반 피치트리의 성공을 이끌어 내었고, 현대에 와서까지 전 세계 많은 소비자의 선택을 받고 있습니다.

## PEACHTREE COCKTAILS

PEACH CRUSH 피치 크러쉬
PEACH JULEP 피치 줄렙
FIZZ PEACHTREE 피즈 피치트리

## RANGE

PEACHTREE
700ml 20% NETHERLANDS

# PEACH CRUSH
피치 크러쉬

## SHAKE, TALL GLASS
## ABOUT 10% ABV, 120ml

### INGREDIENTS

45ml PEACHTREE LIQUEUR
HALF FRESH LEMON
20ml SUGAR SYRUP
90ml CRANBERRY JUICE

### RECIPE

1. 쉐이커에 레몬을 넣고 으깹니다.
2. 피치트리와 나머지 재료와 얼음을 넣고 쉐이킹합니다.
3. 얼음을 채운 글라스에 내용물만 넣습니다.
4. 조각 얼음을 채우고 레몬으로 연출합니다.

# PEACH JULEP
피치 쥴렙

## BUILD, TALL GLASS
## ABOUT 16% ABV, 120ml

### INGREDIENTS

30ml PEACHTREE LIQUEUR
30ml DEWAR'S 12 YEAR OLD WHISKY
15ml FRESH LEMON JUICE
20ml SUGAR SYRUP
2 DASHES BITTERS

### RECIPE

1. 긴 유리 글라스 또는 쥴렙 글라스에 피치트리와 각 재료를 넣습니다.
2. 얼음을 채운 다음 충분히 저어줍니다.
3. 조각 얼음을 가득 채우고 레몬으로 연출합니다.

# FIZZY PEACHTREE

피지 피치트리

## BUILD, WHITE WINE GLASS
## ABOUT 12% ABV, 120ml

### INGREDIENTS

45ml PEACHTREE LIQUEUR
15ml FRESH LEMON JUICE
90ml SODA
LEMON PEEL

### RECIPE

1. 화이트 와인 글라스에 얼음을 가득 채웁니다.
2. 피치트리와 레몬즙을 넣습니다.
3. 탄산수를 가득 채우고 가볍게 저어줍니다.
4. 레몬 껍질로 연출합니다.

# DE KUYPER

## 디카이퍼

1695년 설립된 네덜란드 디카이퍼 가문 소유 기업의 프리미엄 리큐르로 선명한 향과 컬러, 좋은 재료를 바탕으로 한 프리미엄 퀄리티를 자랑합니다.

디카이퍼는 창의적이고 무한한 칵테일 레시피를 만들어 낼 수 있는 레인지 리큐르로 글로벌 시장을 선도하며, 전 세계 100여 개 국 이상에 진출하여 사랑을 받고 있습니다.

### DE KUYPER COCKTAILS

| | |
|---|---|
| JUNEBUG | 준벅 |
| MANGO MOJITO | 망고 모히토 |
| GRAPEFRUIT MOJITO | 자몽 모히토 |
| PINEAPPLE MOJITO | 파인애플 모히토 |

## RANGE

KWAI FEH
700ml 20% NETHERLANDS

SOUR APPLE PUCKER
700ml 15% NETHERLANDS

## ESSENTIALS

TRIPLE SEC
700ml 40%

BLUE CURAÇAO
700ml 20%

CRÈME DE CASSIS
700ml 15%

CRÈME DE MENTHE GREEN
700ml 24%

AMARETTO
700ml 30%

CRÈME DE CAFÉ
700ml 20%

CRÈME DE CACAO DARK
700ml 20%

CRÈME DE CACAO WHITE
700ml 24%

CRÈME DE MENTHE WHITE
700ml 24%

APRICOT BRANDY
700ml 20%

## VARIATIONS

MANGO
700ml 15%

BLUEBERRY
700ml 15%

MELON
700ml 15%

BANANA
700ml 15%

BUTTERSCOTCH
700ml 15%

CHERRY
700ml 15%

GRAPEFRUIT
700ml 15%

WILD STRAWBERRY
700ml 15%

WATERMELON
700ml 15%

ELDERFLOWER
700ml 15%

# JUNEBUG

준벅

## SHAKE, TALL GLASS
## ABOUT 12% ABV, 90ml

### INGREDIENTS

45ml DE KUYPER MELON LIQUEUR
15ml DE KUYPER BANANA LIQUEUR
HALF FRESH LEMON
15ml COCONUT CREAM
20ml SUGAR SYRUP
60ml PINEAPPLE JUICE

### RECIPE

1. 쉐이커에 레몬을 넣고 으깹니다.
2. 나머지 재료를 넣고 얼음과 함께 강하게 쉐이킹합니다.
3. 얼음을 채운 글라스에 내용물만 담습니다.
4. 레몬으로 연출합니다.

# MANGO MOJITO

망고 모히토

## BUILD, TALL GLASS
## ABOUT 12% ABV, 120ml

### INGREDIENTS

30ml DE KUYPER MANGO LIQUEUR
15ml BACARDI CARTA BLANCA RUM
HALF FRESH LIME
1 SPOON SUGAR
10-12 LEAVES FRESH MINT
60ml SODA

### RECIPE

1. 긴 유리 글라스에 라임 반 개와 설탕을 넣고 으깹니다.
2. 민트를 넣고 눌러 준 다음 디카이퍼 망고를 넣습니다.
3. 바카디 카르타 블랑카를 넣고 얼음과 소다수를 가득 채웁니다.
4. 저어 준 다음 망고 또는 라임으로 연출합니다.

# GRAPEFRUIT MOJITO

자몽 모히토

## BUILD, TALL GLASS
## ABOUT 12% ABV, 120ml

### INGREDIENTS

30ml DE KUYPER GRAPEFRUIT LIQUEUR
15ml BACARDI CARTA BLANCA RUM
HALF FRESH LIME
1 SPOON SUGAR
10-12 LEAVES FRESH MINT
60ml SODA

### RECIPE

1. 긴 유리 글라스에 라임 반 개와 설탕을 넣고 으깹니다.
2. 민트를 넣고 눌러 준 다음 디카이퍼 자몽을 넣습니다.
3. 바카디 카르타 블랑카를 넣고 얼음과 소다수를 가득 채웁니다.
4. 저어 준 다음 자몽 또는 라임으로 연출합니다.

# PINEAPPLE MOJITO

파인애플 모히토

## BUILD, TALL GLASS
## ABOUT 12% ABV, 120ml

### INGREDIENTS

30ml DE KUYPER PINEAPPLE LIQUEUR
15ml BACARDI CARTA BLANCA RUM
HALF FRESH LIME
1 SPOON SUGAR
10-12 LEAVES FRESH MINT
60ml SODA

### RECIPE

1. 긴 유리 글라스에 라임 반 개와 설탕을 넣고 으깹니다.
2. 민트를 넣고 눌러 준 다음 디카이퍼 파인애플을 넣습니다.
3. 바카디 카르타 블랑카를 넣고 얼음과 소다수를 가득 채웁니다.
4. 저어 준 다음 파인애플 또는 라임으로 연출합니다.

# DISARONNO

## 디사론노

디사론노는 1925년부터 생산되기 시작한 세계적인 오리지널 아마레또 리큐르입니다. 유명한 사각형 보틀은 1970년대 후반부터 시작되었으며 베니스의 전문 유리 세공사에 의해 수작업으로 만들어집니다.

황금빛 호박색, 풍부한 향으로 오리지널 갓파더, 디사론노 사워와 같은 클래식한 칵테일의 필수 베이스로 사용되고 있습니다.

**DISARONNO COCKTAILS**

| | |
|---|---|
| DISARONNO SOUR | 디사론노 사워 |
| GODFATHER | 갓파더 |

**RANGE**

DISARONNO
700ml 28.0% ITALY

# DISARONNO SOUR

디사론노 사워

## SHAKE, COCKTAIL GLASS
## ABOUT 14% ABV, 90ml

### INGREDIENTS

45ml DISARONNO LIQUEUR
15ml SUGAR SYRUP
HALF FRESH LEMON JUICE
EGG WHITE

### RECIPE

1. 쉐이커에 디사론노와 각 재료를 넣습니다.
2. 얼음과 함께 충분히 쉐이킹합니다.
3. 차갑게 보관된 칵테일 글라스에 내용물만 담습니다.

# GODFATHER
갓파더

## BUILD, ROCK GLASS
## ABOUT 20% ABV, 70ml

### INGREDIENTS

15ml DISARONNO LIQUEUR
45ml DEWAR'S 12 YEAR OLD WHISKY

### RECIPE

1. 온더락 글라스에 얼음을 가득 채웁니다.
2. 디사론노와 듀어스12년을 넣습니다.
3. 잘 저어줍니다.

# DANZKA

## 단즈카

최고의 보드카를 만들기 위해 100% 통밀과 선별된 북유럽산 순수한 지하수를 사용하며 스칸디나비아 전통의 연속증류 기법을 사용합니다. 또한 북유럽 특유의 간결하고 실용적인 디자인으로 전 세계 유일한 알루미늄 병의 보드카입니다.

5가지의 단즈카의 플레이버 보드카는 100% 천연 재료에서 오는 프리미엄 맛과 향을 자랑합니다.

## DANZKA COCKTAILS

| | |
|---|---|
| COSMOPOLITAN | 코스모폴리탄 |
| SEX ON THE BEACH | 섹스 온 더 비치 |
| CAIPIROSKA | 까이피로스카 |
| APPLE MARTINI | 애플 마티니 |
| GREYHOUND | 그레이하운드 |
| LONG ISLAND ICED TEA | 롱 아일랜드 아이스 티 |

## RANGE

DAZKA VODKA
750ml 500ml 50ml 40.0% GERMANY

DAZKA APPLE
750ml 50ml 40.0% GERMANY

DAZKA CURRANT
750ml 50ml 40.0% GERMANY

DAZKA CRANRAZ
750ml 50ml 40.0% GERMANY

DAZKA CITRUS
750ml 50ml 40.0% GERMANY

DAZKA GRAPEFRUIT
750ml 40.0% GERMANY

# COSMOPOLITAN

코스모폴리탄

## SHAKE, COCKTAIL GLASS
## ABOUT 15% ABV, 90ml

### INGREDIENTS

30ml DANZKA CITRUS VODKA
15ml DE KUYPER TRIPLE SEC LIQUEUR
HALF FRESH LIME
30ml CRANBERRY JUICE
LEMON PEEL

### RECIPE

1. 쉐이커에 단즈카 시트러스와 각 재료를 넣습니다.
2. 얼음과 함께 충분히 쉐이킹합니다.
3. 차갑게 보관된 칵테일 글라스에 내용물만 담습니다.
4. 레몬 껍질로 연출합니다.

# SEX ON THE BEACH

섹스 온 더 비치

## BUILD, TALL GLASS
## ABOUT 12% ABV, 120ml

### INGREDIENTS

45ml DANZKA CRANRAZ VODKA
30ml PEACHTREE LIQUEUR
40ml FRESH ORANGE JUICE
40ml CRANBERRY JUICE

### RECIPE

1. 글라스에 얼음을 가득 채웁니다.
2. 단즈카 크랜라즈와 각 재료를 순서대로 넣습니다.
3. 레몬으로 연출합니다.

# CAIPIROSKA

꺄이피로스카

## BUILD, ROCK GLASS
## ABOUT 15% ABV, 90ml

### INGREDIENTS

50ml DANZKA VODKA
HALF FRESH LIME
1 SPOON BROWN SUGAR

### RECIPE

1. 온더락 글라스에 라임을 잘라 넣고 설탕을 넣습니다.
2. 라임을 충분히 으깬 다음 단즈카를 넣습니다.
3. 조각 얼음을 가득 채운 다음 충분히 저어줍니다.
4. 라임으로 연출합니다.

# APPLE MARTINI

애플 마티니

## SHAKE, COCKTAIL GLASS
## ABOUT 15% ABV, 80ml

### INGREDIENTS

45ml DANZKA APPLE VODKA
15ml DE KUYPER APPLE PUCKER LIQUEUR
10ml FRESH LIME JUICE
1 WEDGE FRESH APPLE

### RECIPE

1. 쉐이커에 사과 한 조각을 넣고 으깹니다.
2. 단즈카 애플과 나머지 재료를 넣습니다.
3. 얼음과 함께 충분히 쉐이킹합니다.
4. 차갑게 보관된 칵테일 글라스에 내용물만 여과하여 담습니다.
5. 사과로 연출합니다.

# GREYHOUND

그레이하운드

## BUILD, TALL GLASS
## ABOUT 10% ABV, 120ml

### INGREDIENTS

30ml DANZKA GRAPEFRUIT VODKA
90ml FRESH GRAPEFRUIT JUICE
GRAPEFRUIT PEEL

### RECIPE

1. 글라스에 얼음을 가득 채웁니다.
2. 단즈카 자몽을 넣고, 신선한 자몽주스를 채웁니다.
3. 가볍게 저어준 다음 자몽 껍질로 연출합니다.

# LONG ISLAND ICED TEA

롱 아일랜드 아이스 티

## SHAKE, TALL GLASS
## ABOUT 15% ABV, 140ml

### INGREDIENTS

15ml DANZKA VODKA
15ml BACARDI CARTA BLANCA RUM
15ml BOMBAY SAPPHIRE GIN
15ml JOSE CUERVO ESPECIAL SILVER TEQUILA
15ml DE KUYPER TRIPLE SEC LIQUEUR
HALF FRESH LEMON
20ml SUGAR SYRUP 30ml COKE

### RECIPE

1. 쉐이커에 레몬을 넣고 으깹니다.
2. 단즈카 보드카와 콜라를 제외한 각 재료를 넣습니다.
3. 얼음과 함께 강하게 쉐이킹합니다.
4. 글라스에 얼음을 채우고 내용물만 담습니다.
5. 콜라를 채우고 레몬으로 연출합니다.

# VERMOUTH

## 베르무트

베르무트는 우리가 흔히 알고 있는 레드 또는 화이트 와인 이외에 식사 전에 마시는 아페리티프(Aperitif, 식전주)로 유명합니다. 와인에 브랜디를 첨가하여 만든 혼성주를 강화 와인(Fortified Wine)이라 하는데 이탈리아의 베르무트, 스페인의 셰리, 포르투갈의 포트가 대표적으로 꼽힙니다.

베르무트의 명칭은 독일어의 베르무트(Wermut) 혹은 앵글로 색슨어의 Wermod에서 유래되었으며, 그 뜻은 향쑥(Worm Wood)을 의미입니다. 이탈리아 피에몬테 지방이 주산지이며 이후 와인을 생산하는 다양한 국가에서 생산되고 있습니다. 고대의 유명한 의사이자 철학자인 히포크라테스가 기원전 460년에 소화와 치료 효능이 우수한 산박하와 쑥을 재료로 만들었으며, 이후 제조법에 거의 변화 없이 예전 그대로의 풍미를 즐길 수 있습니다. 일반적으로 30-50여 종의 꽃과 잎, 씨와 뿌리에서 추출한 식물 재료들을 와인에 첨가하여 수개월 동안 숙성 시킨 뒤 주정과 함께 혼합하여 생산되며 식전주와 칵테일에 사용되고 있는 매력적인 주정 강화 와인입니다.

베르무트의 일화에 등장하는 나폴레옹 장군은 귀한 베르무트를 함부로 마실 수 없어 코르크에 묻은 것을 잔에 문지른 뒤 진을 가득 채워 마셨다고 하며 처칠 수상은 칵테일 글라스에 진을 가득 채워 베르무트를 바라보며 마티니를 즐겼다고 합니다.

## MARTINI (ROSSO / BIANCO / EXTRA DRY)

마티니 로쏘 750ml  18.0%  ITALY
마티니 비앙코 750ml  18.0%  ITALY
마티니 엑스트라 드라이 750ml  18.0%  ITALY

식사 전에 즐기는 한 잔의 여유, 마티니는 이탈리아 피에몬테(Piemonte) 지방이 주산지인 베르무트로, 향료 식물을 주정으로 침출시켜 와인과의 블렌딩을 통해 제조합니다. 마티니는 고대 유명한 의사이자 철학자인 히포크라테스가 기원전 460년 베르무트(Vermouth)를 만든 이래 제조법에 거의 변화가 없어 예전 그대로의 풍미를 선사하며, 식사 전 아페리티프(Aperitif, 식전주)로 애용됩니다.

## NOILLY PRAT

노일리 프랏 1,000ml  18.0%  FRANCE

슈퍼 프리미엄 베르무트, 노일리 프랏은 1813년 작성된 비밀 레시피로 탄생한 최고의 베르무트 중 하나로 아름다운 프랑스 남쪽 마르세이앙(Marseillan) 마을에서 요셉 노일리 Joseph Noilly에 의해 작성된 레시피를 기반으로 만들어집니다.

1911년-12년, 1911년 뉴욕의 니커보커 호텔 바의 헤드 바텐더 마티니(Martini di Arma di Taggia)는 클래식 드라이 마티니 칵테일의 가장 최초 형태 중 하나인 그의 '마티니 칵테일'에 있어 노일리 프랏 오리지널 드라이가 필수 불가결한 재료라고 공표하였습니다.
_MARTINI DI ARMA DI TAGGIA

# LIQUEUR

리큐르

대부분의 리큐르의 경우, 식물계의 향미 성분을 배합하는데 동물계의 우유, 계란 등을 이용한 것도 있습니다. 향미 성분의 종류는 물론 리큐르의 탄생에는 스피릿이 탄생하는 배경을 담고 있으며 연금술사들이 증류 제조 기술을 발견한 후 다양한 형태로 발전되었습니다. 증류주는 생명의 물을 의미하는 라틴어 아쿠아 비테(Aqua vitae)에서 유래되었으며 인간의 다양한 병을 치료하는 목적의 약주로 탄생되었습니다. 프랑스에서는 스피릿에 각종 약초 성분을 녹여 '생명의 물을 능가하는 약용 효과를 가져온다'라는 발상으로 리케파켈레(Liquifacere)를 만들었으며 이것은 오늘날 리큐르(Liqueur)의 어원으로 라틴어에서 유래되었습니다. 이러한 리큐르를 만드는 기술은 연금술사들로부터 결국 수도원의 승려들에게 전해지고, 중세 수도원은 독자적인 리큐르 제조에 임하였고, 유럽에서는 오늘날까지 그 전통을 잇고 있는 약초계 리큐르가 전해지고 있습니다.
대항해 시대를 맞이하여 신대륙과 아시아 국가로 부터 다양한 식물재료와 설탕이 유럽에 전해지면서 리큐르의 원료는 더욱 복잡하게 설계되었습니다. 또한 18세기 이후에는 의학기술의 발전으로 리큐르의 의학적 효능 논리가 배제되고 과일향을 주체로 하는 리큐르가 주목받기 시작했습니다. 리큐르 제조에는 증류법(Distilled Process), 침출법(Infusion Process ), 에센스법(Essence Process) 등이 사용되고 있으며 한 가지 방법만으로 만들어지는 경우는 극히 드물며, 두 가지 이상의 방법을 병용하여 제조합니다. 이런 종류의 술은 유럽 상류층 부인들이 사랑하게 되었고, 그녀들은 몸에 걸친 의상이나 보석, 손에 든 유리잔 속의 리큐르 컬러를 패션과 함께 코디해서 즐겼습니다. 이후 다양한 리큐르 제조사는 맛과 향에 대한 연구를 통해 아름다운 색채의 리큐르 제조에 몰두하게 되었으며, 이러한 이유에서 리큐르가 "액체의 보석"이라는 별명을 가지게 되었습니다.

리큐르는 오늘날, 없어서는 안될 맛과 향을 칵테일에 더해주고 아름다운 작품에 사용되는 물감과도 같이 색체의 마술을 내 손에 든 한 잔에 담습니다.

## BENEDICTINE D.O.M

베네딕틴 D.O.M 750ml 40.0% FRANCE

베네딕틴 D.O.M은 최고급 약초 리큐르의 대명사로 여겨지며, 프랑스에서 가장 오래되고 유명한 리큐르입니다. 1510년 프랑스 북부 노르망디의 베네딕틴 수도원에서 수사 동 베르나르 반세리(Dom Bernard Vincelli)가 27가지의 약초와 향초를 사용하여 약용으로 제조한 약초 리큐르이며, 베네딕틴은 제품이 처음 만들어진 수도원의 이름에서 따온 것입니다.

## ST-GERMAIN

생 제르맹 750ml 20.0% FRANCE

2007년 프랑스에서 탄생한 세계 최초의 엘더플라워 리큐르인 생 제르맹은 직접 손으로 채취한 야생 엘더플라워의 섬세한 맛과 향을 담아내어 세계의 탑 믹솔로지스트에게 사랑받는 제품입니다.

## TIA MARIA

티아 마리아 700ml / 50ml 20.0% ITALY

세계 최고로 인정받는 자메이카산 최고급 원두 베이스의 커피 리큐르이며, 과하게 달지 않으며 커피 본연의 향과 맛에 더 충실한 제품입니다.

## CHERRY HEERING

체리 히링 700ml 24% SWEDEN

체리 히링은 가장 오래된 체리 리큐르 중 하나로 왕실에 물건을 조달하던 젊은 사업자 Peter F. Heering이 1818년도에 고안하였습니다. 최초의 '싱가폴 슬링'이 체리 히링으로 만들어 졌으며, 체리 리큐르로 만들어지는 세계적인 칵테일들에 글로벌 스탠다드로 자리를 잡고 있습니다.

# CACHCA & SPICE RUM

## 카차샤 & 스파이스 럼

브라질에서는 사탕수수즙을 원료로 사용하여 럼과 같은 형태를 만드는데 이를 카차샤(Cachca) 혹은 차차카, 카샤사등의 발음으로 부르며, Cachca 51 브랜드의 공식 수입사 Fj Korea에서는 '카차샤'로 표기하고 있습니다. 카차샤는 단식 증류기를 사용하여 생산되며, 이는 럼 원액의 심장으로 사용되는 '아구아디엔테(Aguardiente)'와 흡사하지만 사탕수수의 즙과 당밀을 각각 사용하는 것에서 다르게 구분됩니다. 또한 자메이카에서는 증류공정에서 발생하는 부산물을 혼합하여 독특한 향미를 형성하기도 합니다.

일반적으로 럼은 투명한 '화이트 럼(White Rum)'과 숙성과정을 통해서 탄생하는 '골드 럼(Gold Rum)', 그리고 '다크 럼(Dark Rum)'으로 구분합니다. 또한 다양한 스파이스와 캐러멜을 추가하여 탄생하는 스파이스 럼이 있습니다.

## KRAKEN

크라켄 700ml 40.0% USA

최초의 블랙 스파이스드 럼, 크라켄은 전설적인 바다 괴물의 이름을 따온 크라켄은 캐리비안 블랙 스파이스드 럼으로써, 독특한 맛과 향과 함께 독창적인 보틀 디자인으로 세계의 소비자들에게 큰 사랑을 받고 있으며 현재 가장 빠르게 성장하는 럼 브랜드 중 하나입니다.

## CACHCA 51

카차샤 51 700ml 40.0% USA

전세계 No.1 브라질 럼 브랜드이자, 캬이피리냐(Caipirinha) 칵테일에 없어서는 안되는 필수 베이스가 되는 스피릿입니다.

# epilogue

7여 년의 기다림 끝에 만날 수 있는 한 모금의 데킬라가 이 레시피 콘텐츠를 통해 우리의 평범한 일상에서 멋진 칵테일로 즐길 수 있는 계기가 되면 좋겠습니다. 또한, 여러분의 라이프스타일이 특별해지면 좋겠어요.
_ 호세쿠엘보 BM 이수원

각 브랜드의 역사와 가치 그리고 다양한 레시피를 편하게 접할 수 있습니다. 친구들, 가족들과 함께 특색있는 음용법을 경험해 보세요. 책임 있는 음주문화와 함께..
_예거마이스터 BM 김낙현

오랜 역사와 전통을 가진 브랜드와 그 칵테일을 현대적 시각으로 끊임없이 재해석하는 것, 그것이 클래식의 매력인 것 같습니다. 레시피북을 보며 여러분 모두가 한 잔의 이야기를 담아 보시길 바랍니다.
_바카디 & 디카이퍼 BM 임솔이

평소 칵테일을 어렵게 느꼈지만 사실 그렇지 않아요. 기본적인 레시피들이 초석이 되어 이 순간 어디선가 수만 가지의 새로운 음료들이 탄생하고 있을 거예요. 'ART OF COCKTAIL 레시피 북' 을 통해 매력적인 칵테일의 본질과 쉬운 제조 방법을 알아가는 즐거운 경험을 하시길 바라요.
_봄베이 사파이어 & 그레이 구스 BM 박혜림

물감처럼 다채로운 브랜드와 칵테일 콘텐츠를 취합하고, 편집하고, 수정하는데 혼신의 에너지를 다했네요. 예쁜 칵테일 사진에 시선을 멈추고 레시피를 읽으며 맛과 향을 상상하고, 여유로운 주말에 맛있는 칵테일 한 잔 도전해 볼까요..
_ 디자이너 나미진

저의 삶에 칵테일과 스피릿은 즐거운 동반자로 함께하고 있습니다. 보드카 한 병이 수십 잔의 칵테일로 재탄생하듯 많은 사람들과 이 콘텐츠를 나누고 싶습니다. 즐거운 순간에 우리를 더욱 행복하게 해주고 가끔은 실마리가 풀리지 않는 우리의 일상이 한 잔의 칵테일로 해결되었으면 좋겠네요.
_ 칵테일 전도사 김봉하

# **FJ KOREA** PRODUCT

## RUM

BACARDI CARTA BLANCA
BACARDI CARTA ORO
BACARDI 8
BACARDI CLASSIC COCKTAILS MOJITO

KRAKEN

## GIN

BOMBAY SAPPHIRE
STAR OF BOMBAY

## VODKA

GREY GOOSE ORIGINAL
GREY GOOSE LE CITRON
GREY GOOSE L'ORANGE
GREY GOOSE LA POIRE
GREY GOOSE VX

DANZKA
DANZKA CITRUS
DANZKA CRANRAZ
DANZKA CURRANT
DANZKA GRAPEFRUIT
DANZKA APPLE

ERISTOFF
ERISTOFF RED

## TEQUILA

JOSE CUERVO ESPECIAL REPOSADO
JOSE CUERVO ESPECIAL SILVER
JOSE CUERVO RESERVA DE LA FAMILIA

JOSE CUERVO TRADICIONAL REPOSADO
JOSE CUERVO TRADICIONAL SILVER

1800 AÑEJO
1800 REPOSADO
1800 SILVER
1800 COCONUT

## WHISKEY

DEWAR'S WHITE LABEL
DEWAR'S 12 YEAR OLD
DEWAR'S 18 YEAR OLD

BUSHMILLS ORIGINAL
BUSHMILLS BLACKBUSH
BUSHMILLS 10 YO SINGLE MALT
BUSHMILLS 16 YO SINGLE MALT
BUSHMILLS 21 YO SINGLE MALT

## LIQUEUR

AGAVERO
DISARONNO
TIA MARIA
ST-GERMAIN
BENEDICTINE D.O.M.
KWAI FEH
PEACHTREE
CHERRY HEERING

DE KUYPER

- *ESSENTIALS*
  - TRIPLE SEC
  - BLUE CURAÇAO
  - CRÈME DE CASSIS
  - CRÈME DE MENTHE GREEN
  - AMARETTO
  - CRÈME DE CAFÉ
  - CRÈME DE CACAO DARK
  - CRÈME DE CACAO WHITE
  - CRÈME DE MENTHE WHITE
  - APRICOT BRANDY
- *VARIATIONS*
  - MANGO
  - BLUEBERRY
  - MELON
  - BANANA
  - BUTTERSCOTCH
  - CHERRY
  - GRAPEFRUIT
  - WILD STRAWBERRY
  - WATERMELON
  - ELDERFLOWER

## VERMOUTH

NOILLY PRAT

MARTINI EXTRA DRY
MARTINI BIANCO
MARTINI ROSSO

## CACHACA

CACHACA 51

WE MAKE &

# LEAD SPIRITS

| | |
|---|---|
| 발행처 | 오스틴북스 |
| 초판 발행 | 2020년 4월 25일 |
| 지은이 | FJ KOREA |
| 출판등록번호 | 제396-2010-000009호 |
| 주소 | 경기도 고양시 일산동구 백석동 1351번지 |
| 전화 | 070-4123-5716 |
| 팩스 | 031-902-5716 |

ISBN 979-11-88426-19-5